ÉLOGE

DE

SAINTE THEUDOSIE

MARTYRE,

PRONONCÉ DANS L'ÉGLISE CATHÉDRALE D'AMIENS

Le 13 Octobre 1853,

.PAR

MGR L'ÉVÊQUE DE POITIERS.

POITIERS
IMPRIMERIE DE HENRI OUDIN, LIBRAIRE-ÉDITEUR,
IMPRIMEUR DE MONSEIGNEUR L'ÉVÊQUE,
Rue de l'Éperon, n° 4.

1853

SE VEND AU PROFIT DES PAUVRES.

AVRELIAE· THEVDOSIAE·
BENIGNISSIMAE· ET
INCOMPARABILI· FEMINAE
AVRELIVS· OPTATUS
CONJVGI· INNOCENTISSIMAE.
DEPOS. PR. KAL· DEC·
NAT· AMBIANA·
B. M. F.[1]   (*Benè merenti fecit.*)

A AURELIE· THEUDOSIE·
TRES BENIGNE· ET
INCOMPARABLE· FEMME
AURELIUS· OPTATUS
A SON EPOUSE· TRES INNOCENTE
DEPOSEE LA VEILLE DES KALENDES DE DECEMBRE
NEE AMIENOISE
IL A FAIT (*cette épitaphe à elle*) BIEN MERITANTE.

---

[1] Cette inscription, gravée sur une pierre de marbre, a été trouvée dans le tombeau de la sainte avec une fiole de sang et les autres signes usités qui constatent le martyre.

ÉLOGE

DE

SAINTE THEUDOSIE

MARTYRE.

> *Et revertetur in terram suam; statuto tempore revertetur.*
>
> Elle reviendra dans sa terre natale; elle y reviendra au temps marqué.
> DANIEL, CH. XI, v. 28, 29.

MESSEIGNEURS [1],

Si malheureux qu'on puisse appeler les temps auxquels le Seigneur nous a réservés, qui de nous pour-

---

[1] LL. EE. les Cardinaux-Archevêques de Reims, de Westminster, de Tours ; S. Exc. Mgr l'Archevêque de Dublin, Primat d'Irlande, Légat du Saint-Siége ; LL. GG. les Archevêques de Sens, de Cambrai, de Bogota, de Tuam, de Babylone ; les Evêques d'Amiens, du Mans, d'Arras, d'Autun, de Beauvais, de Versailles, de la Basse-Terre (Guadeloupe), de Soissons, d'Angoulême, ancien d'Alger, de Namur, de Gand, de Tournay, de Bruges, de Lausanne et Genève ; les Vicaires apostoliques de Siam, de Taïti ; l'Evêque d'Adras *in partibus*.

rait se plaindre désormais d'appartenir à une génération à laquelle il est donné d'assister à de tels spectacles? Non, mes Frères, le siècle qui a fait jaillir de terre cette incomparable basilique n'a point vu s'accomplir sous ses voûtes de solennités aussi dignes d'elle. Pour la première fois peut-être depuis six cents ans, cet édifice aux proportions gigantesques et colossales, sous le poids desquelles tout ce qui semblait grand s'écrase et se rapetisse, s'est étonné de contempler une scène vivante plus haute encore et plus large que l'enceinte où elle se déroulait. Pour la première fois, ce cadre, d'ordinaire trop vaste, s'est trouvé suffire à peine aux dimensions du tableau. Cité d'Amiens, tes aïeux ne furent que prévoyants, et, s'ils ne t'avaient légué cette merveilleuse église, tes édiles eussent dû la créer pour la fête d'hier. Je me trompe, l'église d'hier c'était la cité d'Amiens tout entière, transformée en un temple par le zèle pieux de ses enfants.

Mais quelles lèvres humaines oseront s'ouvrir aujourd'hui après la bouche d'or qui parlait hier? Langage rare, ou plutôt unique, comme la circonstance qui l'inspirait. Et quelle éloquence aussi ne serait découragée par le spectacle seul de ces assemblées et de ces fêtes, plus éloquentes que toutes les paroles? Pourtant les usages sacrés demandent que l'éloge de Théodosie retentisse à cette heure; car le sacrifice qui vient de commencer et qui va se consommer bientôt, c'est pour elle, d'après les règles de l'Eglise, la prise de possession authentique et décisive du culte solennel qui lui sera rendu désormais jusqu'à la fin des âges. Puis les Princes de l'Eglise romaine et nos autres Frères dans l'épiscopat nous ont commandé de parler ; et, le plus humble d'entre eux, nous devons cette déférence à leur volonté unanime. Ecoutez-nous donc quelques instants, mes Frères.

Saint Augustin disait de son temps : Le corps du premier de tous les martyrs, Etienne, vient d'être révélé au monde comme ont coutume de l'être les corps des martyrs : *sicut apparere solent sanctorum corpora martyrum*, au moment voulu par le Créateur : *quandò placuit Creatori* [1]. Or, mes Frères, cette loi générale et ordinaire qui réserve à des époques marquées par le bon plaisir de Dieu ces providentielles apparitions des corps saints, cette loi, constatée par le grand Augustin, subsiste toujours, et elle se rattache aux plus secrets desseins de Celui au gré duquel s'écoulent les siècles. Aussi, bien que mon indignité ne m'ait pas permis assurément de pénétrer dans le conseil du Très-Haut, je viens essayer de vous dire en son nom pourquoi notre époque, préférablement à toute autre, a été prédestinée à cette bienheureuse invention du corps de sainte Theudosie, inconnu pendant une longue suite de siècles, et tiré

---

[1] Aug. Serm. 318, de Martyre Stephano.

naguère de l'obscurité de la tombe, comme ont coutume de l'être les corps des martyrs, à l'heure fixée par la sagesse et la volonté du Pasteur invisible et immortel de l'Eglise : *Hujus corpus ex illo usquè ad ista tempora latuit ; nuper autem apparuit sicut apparere solent sanctorum corpora martyrum, quandò placuit Creatori.*

Messeigneurs, ayant invoqué la lumière du Ciel aux pieds de la martyre, j'ai compris la chose ainsi, et j'espère que vous ne trouverez pas ma proposition hasardée : Oui, la Gauloise du troisième siècle, Theudosie, femme chrétienne en des temps païens, revenant parmi nous dans ce milieu du dix-neuvième siècle recueillir des hommages et recevoir les honneurs du triomphe, revient véritablement à son jour et à son heure, au jour et à l'heure où il convenait ; car, dans cette glorification extraordinaire et inattendue de leur devancière, Dieu a voulu glorifier parmi nous les innombrables héritières de son courage, de sa foi et de ses vertus. Oui, l'inscription tumulaire de la femme d'Aurélius Optatus n'est sortie des ténèbres des catacombes que pour devenir une inscription triomphale à la louange de la femme chrétienne, telle qu'elle nous a apparu depuis cinquante ans sous le ciel de la France. Lisons sur la pierre, où elle est gravée en caractères admirables, la légende de sainte Théodosie, et nous verrons ensuite l'application.

Pardonnez, mes Frères : j'ai dit quelquefois Théodosie, et en cela je n'ai pas offensé les règles ; car, vous le savez, la fille d'Amiens a obtenu pendant sa vie et conservé quinze cents ans après sa mort le droit de cité dans Rome; puis, gauloise par son berceau, elle sera française désormais par sa tombe, où elle commence une nouvelle vie. Elle ne s'offensera donc point que son nom, obéissant aux transformations qu'opère le génie des langues, devienne en quelque sorte plus national en subissant les lois de nos idiomes rajeunis.

Donc, une jeune vierge de la cité d'Amiens, Theudosie ou Théodosie, n'importe, devint l'épouse de quelque haut fonctionnaire, de quelque noble personnage, envoyé de Rome dans les Gaules pour participer à l'administration de ces provinces conquises : *Nata Ambiana*. Est-ce aux rivages de la Somme, est-ce aux bords du Tibre qu'elle trouva la foi ? Il nous suffit d'apprendre des signes authentiques qui accompagnent sa dépouille, qu'ayant été initiée à la doctrine de Jésus-Christ, elle l'a confessée jusqu'à ce degré d'amour qui ne saurait être dépassé, jusqu'à l'effusion du sang et au sacrifice de la vie. Et encore bien que son seul martyre nous garantisse sa béatitude éternelle, son sépulcre nous a transmis néanmoins, sous la mystérieuse enveloppe des syllabes et des symboles, de précieuses données sur sa vie et sur ses vertus. Il importe de n'en pas négliger le moindre détail.

Il est dit d'abord : *Benignissimæ et incomparabili feminæ.* Issue d'un sang réputé barbare, vous ne retrouvez en elle aucun reste du caractère altier et indompté de la femme germaine ou gauloise, non plus que ce cachet de vertu austère et quelque peu stoïque de la dame romaine ; la grâce de Jésus-Christ s'étant emparée des éléments divers fournis par la nature ou par l'adoption, et les ayant combinés et transformés dans son creuset tout-puissant, il ne demeure à la surface et au fond de cette âme que cette bénignité suave et modeste qui est le sceau distinctif de la femme chrétienne, et qui, couronnant tout un riche ensemble de nobles qualités, élève Theudosie à cette hauteur de perfection que son époux appelle incomparable : *Theudosiæ benignissimæ et incomparabili feminæ.*

Je continue de lire, et je trouve ces mots : *Conjugi innocentissimæ.* Mes Frères, j'ai parcouru quelques pages où Tertullien, le contemporain de Theudosie, retrace avec son coup de pinceau ordinaire la condition de la femme chrétienne unie à un époux infidèle. C'en est assez ; et, jetant un voile sur ce qui ne doit point être proféré ni même pensé dans l'assemblée des saints, je constate seulement le témoignage rendu par Aurélius à Theudosie : Épouse très-innocente : *Conjugi innocentissimæ.*

Enfin, à côté de Theudosie repose dans le même sépulcre un corps de moindre stature, le corps d'un enfant que tout semble nous dire avoir été le sien. Et j'en veux conclure que cette mère, très-prudente à la fois et très-ferme, écartant avec soin les autres influences de la maison, réussit à faire partager sa foi à son fils, et lui prépara ainsi une place auprès d'elle dans les cieux aussi bien que dans la tombe.

Vous l'entendez, mes Frères, Théodosie pleine de bénignité et femme incomparable, épouse très-innocente, mère assez heureuse pour communiquer sa religion à son fils : Voilà le panégyrique qui est sorti des catacombes avec la dépouille de la martyre Et son époux, encore païen peut-être, qui lui consacre ce monument, déclare ne lui rendre qu'un hommage mérité : *Benè merenti fecit.*

Or, mes Frères, qu'une enfant de notre Gaule Belgique s'en soit allée à Rome en ces temps reculés donner le spectacle de telles vertus, et honorer à ce point dans sa personne la femme de nos contrées, n'est-ce pas un fait en lui-même si admirable et si rare, qu'on s'explique que le Seigneur ait voulu, pour la gloire de sa servante et pour notre instruction, le révéler à notre pays? Et à ne considérer que ce surcroît de gloire temporelle que Dieu, par une série de prodiges inespérés, vient de départir tout à coup à la Gauloise si longtemps oubliée dans la poussière de la tombe, n'y aurait-il pas lieu de dire que le Ciel n'a rien fait de trop pour Theudosie, et qu'elle méritait d'être tôt ou tard mise ainsi en évidence aux yeux de sa nation et du monde entier : *Benè merenti fecit ?*

Mais j'ai avancé que c'est avec raison que notre époque, de préférence à tous les temps qui nous ont précédés, a été choisie pour cette manifestation aussi éclatante qu'inattendue, et c'est à ce point principal de ma proposition que je dois m'attacher. N'est-il pas vrai, mes Frères, que le siècle de Theudosie est revenu pour le monde, le siècle de la femme chrétienne vivant dans un monde païen ? Le paganisme, on l'a dit, avait fait depuis longtemps une irruption fâcheuse dans les lettres et dans les arts ; mais ce qui est beaucoup plus grave, c'est que sous nos yeux, en particulier depuis un demi-siècle, le matérialisme païen avait envahi le sanctuaire domestique et les institutions publiques, la famille et la société. Or, durant ces cinquante années dont je parle, que s'est-il passé en France ? Tandis que le sexe le plus noble et le plus fort, celui auquel le Créateur avait remis le sceptre de l'esprit, l'avait laissé tomber dans la boue pour ne relever que le sceptre de la matière ; tandis que les hommes réputés les plus sages et les plus fermes semblaient avoir juré de ne plus regarder que la terre : *oculos suos statuerunt declinare in terram* [1] ; la femme, la femme seule resta debout, les yeux attachés au Ciel, obéissant aux lois de l'esprit et vivant de la vie de la grâce et de la foi. La voyez-vous, —

---

[1] Ps. XVI. 11.

et je ne parle que de la femme du siècle, que serait-ce si je voulais étendre mon sujet?—la voyez-vous, quand autour d'elle, sous l'empire des pensées irréligieuses et des préoccupations exclusives de l'intérêt et de l'égoïsme, les mœurs se sont endurcies jusqu'à la rudesse et la grossièreté; quand les habitudes ordinaires du foyer sont devenues vulgaires jusqu'à l'ignominie; la voyez-vous, toujours parée de sa douceur, de son sourire, de sa bonté, et de cet assemblage de qualités exquises qui font de la femme française, au jugement de tous les peuples, le type achevé de la distinction et quelque chose d'incomparable: *Benignissimæ et incomparabili feminæ*? Placée dans un milieu impur, ne sachant où poser le pied sur un sol qui ne soit souillé, elle ne participe point à la contagion qui l'environne. C'est le lys parmi les épines. Assaillie par tous les vices, leur ignoble obsession peut contrister parfois sa vertu, mais elle ne l'altère jamais : *Conjugi innocentissimæ*. Enfin, luttant avec succès contre le débordement du mal, dissimulant avec prudence des exemples funestes, écartant avec délicatesse et ménagement, mais aussi, s'il le faut, avec énergie et fermeté, des influences pernicieuses, elle parvient à ne laisser voir à ses enfants que ce qui est bien, à leur dérober la vue de ce qui est mal; elle réussit à faire passer dans leur âme la piété et la vertu qu'elle tire du trésor de son cœur; mère chrétienne, elle a formé un fils chrétien.

Mes Frères, et tandis que je parle ainsi de la femme française, assurément dans cet immense auditoire il s'est trouvé plus d'un homme, soit de la classe plus élevée, soit de la condition moyenne, soit des rangs plus humbles de la société, qui a dit tout bas, si quelques-uns même ne l'ont dit tout haut : « L'évêque a raison, la femme vaut mieux que nous, et le témoignage qu'il lui rend est fondé : *Benè merenti fecit*. Pour moi, celle que Dieu m'a donnée pour compagne, par sa douceur et sa bénignité que rien ne déconcerte, par son esprit d'abnégation et de dévouement, par ses qualités aimables et solides, est une femme incomparable ; sa vertu soutenue, qui ne s'est jamais démentie, a commandé mon respect, et, je le sens, a commencé de me rendre meilleur ; mais surtout sa piété industrieuse, sa foi vigilante fera mon fils plus chrétien et plus heureux que moi. »

Or, mon Frère, ce n'est pas seulement la femme qui est auprès de vous, ce n'est pas seulement votre épouse, votre sœur, votre mère qui méritent ce tribut d'éloges ; on peut dire, malgré de rares exceptions, que depuis la naissance de notre siècle, ç'a été la femme française qui, partout et toujours, s'est montrée, à tous les degrés de l'échelle sociale, telle que nous venons de la dépeindre, et par conséquent que ce n'a pas été seulement dans le cercle restreint de la famille, mais dans la sphère plus étendue de la société, que son action bienfaisante s'est fait sentir.

C'est pourquoi, quand le Tout-Puissant aujourd'hui, rappelant d'au-delà des monts et de la nuit des siècles l'ancienne habitante de cette cité, Theudosie, la femme chrétienne des temps païens, lui décerne un triomphe comme Rome païenne, aux jours les plus brillants de sa gloire, n'en sut jamais décerner à ses conquérants; quand, pour donner à la triomphatrice un cortége sans égal dans les fastes mêmes des temps chrétiens, il convoque de l'orient et de l'occident, de l'aquilon et du midi, des îles et des continents, des pôles et des tropiques, ce que la religion a de plus illustre, ses pontifes, ses apôtres, ses docteurs, ses confesseurs et presque ses martyrs; et que, réfléchissant en nous-mêmes sur la portée de cette ovation sans exemple, nous comprenons qu'elle embrasse dans son objet et dans les desseins d'en haut non point seulement notre ancienne Theudosie gauloise, mais des milliers de Théodosie françaises, ses imitatrices et ses rivales; alors, prosternés devant ces autels, nous nous écrions avec transport : Seigneur, vous êtes juste dans vos voies! car si splendide et si incomparable qu'elle soit, la fête n'est que digne de l'héroïne, le triomphe n'est que proportionné à la triomphatrice. Non, le Ciel n'a rien fait de trop, et ce n'est que justice : *Benè merenti fecit.*

Donc, mes Frères, et j'insiste à dessein sur ce point, cette solennité dont l'éclat pourrait sembler inexplicable à quelques-uns, l'histoire dira qu'elle est venue à point, comme une constatation authentique et retentissante du fait le plus considérable, le plus décisif qui se soit produit depuis cinquante ans, non pas seulement au point de vue de la religion, mais dans l'intérêt de la famille et de la société. Assurément, pendant ce laps de temps, le monde a vu briller bien des gloires humaines. Nous avons eu des souverains illustres, des conquérants célèbres; des guerriers intrépides, des ministres habiles, des orateurs éminents, des mathématiciens profonds, des penseurs spirituels, des lettrés aimables, des philanthropes dévoués : oui, à la bonne heure ! Mais quand ce siècle, rempli de tant de célébrités de toutes sortes, est arrivé, haletant, au milieu de sa course, comme tous ces hommes, ou du moins la plupart d'entre eux, n'avaient négligé qu'une chose : Dieu et sa loi, Jésus-Christ et son Evangile, il s'est trouvé que cette société si satisfaite d'elle-même était sur le bord d'un abîme tel qu'il ne s'en était jamais creusé aucun sous les pas d'aucune société chrétienne. Et alors on a entendu retentir de toutes parts ce cri d'épouvante : *Ergò erravimus !* [1] *Nous nous sommes donc trompés !* Puis, cherchant d'où pourrait encore venir le salut, on a proclamé que l'unique ressource désormais était la religion; que les principes chrétiens, l'accomplissement pratique des devoirs chrétiens pourraient

[1] Sap. v. 6.

seuls conjurer la ruine générale et sauver le monde. Et le découragement faisant place à l'espérance, à ce premier cri : *Ergò erravimus !* a succédé celui-ci : « Nos femmes avaient donc raison ! Nos femmes, pour lesquelles nous avons laissé les temples debout (sans elles, nous ne les eussions point entretenus ni restaurés : nous n'y allions jamais) ; nos femmes, qui ont empêché le culte et le nom de Dieu de périr sur la terre ; nos femmes, qui, malgré nos sarcasmes et nos dédains, ont conservé dans leurs cœurs et dans leurs habitudes la religion de Jésus-Christ ! » — Oui, mes Frères, il en a été ainsi. A Dieu ne plaise sans doute que je méconnaisse ou que j'oublie les services rendus à l'Église et à la société par ce petit nombre d'hommes éminents qui se sont montrés courageusement chrétiens au milieu de la défection universelle ; mais, dans un discours public, c'est parler avec exactitude que de parler conformément à la généralité des choses. Je dis donc que, durant la première moitié de ce siècle, l'Eglise n'a rencontré sous sa main qu'un élément véritablement conservateur, qu'une puissance sérieusement conservatrice, ç'a été la femme française. La femme, que sa condition, nos lois et nos usages rendent étrangère au maniement des affaires, il se trouve que c'est elle seule qui les a faites. Car enfin, nul n'osera désormais le nier : Si le Seigneur ne nous avait laissé une semence de foi et de religion :

nisi Dominus reliquisset nobis semen [1], nous aurions eu le sort des villes détruites par le feu. Heureusement, dans le naufrage général, la foi, la piété s'étaient réfugiées au cœur de la femme française comme dans une arche sûre : *ad ratem confugiens.* Et aujourd'hui que les eaux de ce déluge semblent décroître, c'est la femme qui a remis à la génération qui s'apprête un nouveau germe de vie et une semence de régénération : *remisit sœculo semen nativitatis* [2].

Aussi, mes Frères, que le vain orgueil des hommes, toujours et malgré tout contents d'eux-mêmes, multiplie tant qu'il voudra les statues et les apothéoses; que, sous l'inspiration pratique d'un panthéisme à peine déguisé, chaque matin voie s'élever, à la gloire de quelqu'un de nos mille sauveurs de la patrie, un nouveau piédestal assis sur un sol à peine déblayé des ruines de la veille, au milieu d'une place encore fatiguée des hurlements de la sédition et agitée déjà par le vent précurseur de quelque autre tempête; Dieu, à qui seul il appartient de rendre à chacun selon ses œuvres et de distribuer la véritable louange, fera quelque autre chose sous nos yeux. Dans la personne de Theudosie, la femme d'une condition plus aisée, qu'il renvoie de Rome à la France, et dans la personne de Germaine Cousin, l'humble

[1] Rom. ix. 29.
[2] Sap. xiv. 6.

bergère des environs de Toulouse que Rome vient de placer sur les autels, Dieu, ou, si vous le voulez, son Eglise, seul organe infaillible de toute canonisation, glorifiera par des solennités auxquelles rien ne se compare le sexe qui, en sauvant la foi, a véritablement sauvé la France, sauvé la famille, sauvé la propriété, sauvé la patrie. Voilà comment la religion, à sa façon, érige des statues, voilà comment elle décerne des triomphes et des apothéoses; et voilà aussi comment elle ne trompe point dans l'appréciation du véritable mérite : *Benè merenti fecit.*

Je m'arrête, mes Frères. Je crois avoir justifié ma proposition et montré que le corps de Theudosie a été trouvé de notre temps en la façon qu'ont coutume de l'être les corps des martyrs, au moment marqué dans les trésors de l'éternelle sagesse : *Hujus corpus ex illo usque ad ista tempora latuit; nuper autem apparuit, sicut apparere solent sanctorum corpora martyrum, quandò placuit Creatori.*

Quelques mots seulement encore. Une plume chérie de tous les amis de l'Église, aussi bien que de tous ceux qui ne sont pas insensibles aux charmes du style, écrivait naguère : « L'apostolat des saints ne finit pas avec leur vie terrestre ; leurs reliques aussi ont une mission, et leurs tombes ne voyagent que pour évangéliser[1]. » Le retour de Theudosie dans sa ville natale

---

[1] M. l'abbé Gerbet.

sera donc une source de grâces ouverte au milieu de nous.

Vous d'abord, femmes chrétiennes, si Theudosie est rentrée triomphalement en France pour vous faire assister en quelque sorte à votre propre triomphe, sa présence deviendra désormais aussi pour vous un encouragement utile, une leçon nécessaire. *Soyez debout*, vous crie-t-elle, *et ne laissez pas tomber votre couronne* [1]. Ah ! Mesdames, si les vertus dont Théodosie a été le plus parfait modèle avaient commencé de s'affaiblir parmi vous ; si des manières, des habitudes nouvelles, inconnues à vos mères, si des allures étrangères aux traditions de notre éducation nationale et chrétienne menaçaient de se substituer à cette modestie suave, à cette aisance noble et réservée, à cette grâce enjouée et bénigne, en un mot, à toutes ces qualités incomparables qui vous ont rendues l'admiration du monde entier ; si des goûts légers et frivoles, en vous inspirant l'honneur de la gêne et de la contrainte, avaient diminué en vous la vie de la foi et de la grâce, l'esprit de renoncement et d'immolation, ah ! souvenez-vous désormais de votre concitoyenne, de votre devancière Theudosie ; souvenez-vous de la femme incomparable en bénignité et en perfection, de l'épouse très-sainte et très-innocente, de la mère chrétienne tout entière vouée à son fils ; souvenez-

---

[1] Apóc. III. II.

vous surtout de l'héroïne, de la martyre qui, vivant d'une vie surnaturelle et supérieure, a vaincu la chair et le monde, et triomphé dans un combat plus difficile que n'est le vôtre : *car vous n'avez pas encore résisté jusqu'au sang : nondùm enim usquè ad sanguinen resististis* [1] *!*

Et vous, mes Frères, des grâces s'échapperont aussi pour vous de la tombe de Theudosie. Quoique le corps d'Aurélius n'ait point été trouvé jusqu'ici dans les caveaux des martyrs, je ne puis croire que ce romain qui fit graver l'épitaphe que vous avez sous les yeux, ait fini sa vie sans embrasser la religion de celle envers laquelle il se montra si reconnaissant et si juste. Non, cet époux qui portait, mystérieusement peut-être, le surnom d'*Optatus*, n'aura point été en vain l'objet de tant de saints désirs, de tant de saintes prières. La parole du grand apôtre se sera vérifiée : l'époux infidèle aura été sauvé par l'épouse fidèle [2], comme le fils avait été initié à la croyance de sa mère. — Eh bien, mon Frère, vous aussi je pourrais vous appeler *Optatus :* votre nom est souvent redit devant Dieu parmi les vœux et les larmes de cette Théodosie qui est votre mère, votre femme, votre fille, votre sœur. Grâce aux saintes intercessions de ce sépulcre, les oraisons de ces an-

---

[1] Heb. xii. 4.
[2] Cor. vii. 14.

ges de la terre seront désormais plus promptement exaucées devant Dieu. Ou plutôt cette merveille est accomplie déjà. La parole de l'apôtre commence à se réaliser parmi nous dans de grandes proportions. La femme chrétienne de France nous a rendu toute une génération de Français qui se glorifient d'être chrétiens. Le nom sacré de Dieu, qui n'était plus prononcé que dans les ténèbres, on le publie désormais au grand jour ; le nom adorable de Jésus-Christ, que l'on ne disait qu'à l'oreille et tout bas, de peur de provoquer des blasphèmes, on ne craint pas de le prêcher sur les toits, je me trompe, on ne rougit pas de le prononcer jusque sur le trône et dans les assemblées publiques. Par la miséricorde de Dieu, les temps sont revenus où les époux et les fils font profession d'être de la religion de leurs épouses et de leurs mères. Une nouvelle période commence où la femme, qui ne demande qu'à s'effacer, va se réjouir de voir l'homme la précéder et occuper partout la place qui lui appartient. Et c'est parce que ce résultat est désormais acquis, parce que cette conquête est assurée, que la Providence nous fait assister aujourd'hui à ce magnifique triomphe de la femme de notre pays : on ne célèbre le triomphe qu'après la victoire.

Et nous, Messeigneurs et mes Pères, nous allons nous séparer : notre réunion ici et aujourd'hui n'aura pas été sans objet. Cette Gauloise qui, la première, il y a seize siècles, franchissait les Alpes pour aller chercher la foi à sa source, voici qu'une seconde fois les Alpes se sont abaissées sous ses pas, et que Rome nous la renvoie, comme un présent d'amour, dans un temps où, par le concours de mille circonstances diverses, les évêques de France ont appris, plus que jamais, le chemin qui conduit à Rome. Oui, Messeigneurs et mes Pères, cette Théodosie, Gauloise et Romaine, Romaine et Française, c'est le symbole de l'embrassement séculaire et non interrompu de l'Église de Rome et de l'église des Gaules, de la fille et de la mère; et c'est aussi le baiser de paix et d'amour de notre bien-aimé Pape Pie IX à la France d'aujourd'hui, sa fille de prédilection, et en particulier à la cité religieuse d'Amiens et à son illustre pontife. Béni soit donc le Seigneur qui nous a tous rassemblés ici! Les Princes de l'Église et les évêques de toutes les nations qui sont venus se joindre à nous pourront dire partout, ce que le monde sait depuis longtemps, que nulle part plus qu'en France les prêtres et les évêques ne sont unis entre eux et à leur Chef, qui est aussi leur Père.

Poitiers.—Imprimerie de Henri Oudin.

www.ingramcontent.com/pod-product-compliance
Lightning Source LLC
Chambersburg PA
CBHW070529050426
42451CB00013B/2917